WINTERSPAZIERGANG MIT RILKE

GEDICHTE

Jan Thorbecke Verlag

INHALT

DIE WELT, DIE MONDEN IST

Vergiss, vergiss, und lass uns jetzt nur dies
erleben, wie die Sterne durch geklärten
Nachthimmel dringen, wie der Mond die Gärten
voll übersteigt. Wir fühlten längst schon, wie's
spiegelnder wird im Dunkeln; wie ein Schein
entsteht, ein weißer Schatten in dem Glanz
der Dunkelheit. Nun aber lass uns ganz
hinübertreten in die Welt hinein,
die monden ist.

IM SCHOß DER SILBERHELLEN SCHNEENACHT

Im Schoß der silberhellen Schneenacht
dort schlummert alles weit und breit,
und nur ein ewig wildes Weh wacht
in einer Seele Einsamkeit.

Du fragst, warum die Seele schwiege,
warum sie's in die Nacht hinaus
nicht gießt? – Sie weiß, wenns ihr entstiege,
es löschte alle Sterne aus.

ES GIBT SO WUNDERWEIßE NÄCHTE

Es gibt so wunderweiße Nächte,
drin alle Dinge Silber sind.
Da schimmert mancher Stern so lind,
als ob er fromme Hirten brächte
zu einem neuen Jesuskind.

Weit wie mit dichtem Demantstaube
bestreut, erscheinen Flur und Flut,
und in die Herzen, traumgemut,
steigt ein kapellenloser Glaube,
der leise seine Wunder tut.

DU DUNKELHEIT, AUS DER ICH STAMME

Du Dunkelheit, aus der ich stamme,
ich liebe dich mehr als die Flamme,
welche die Welt begrenzt,
indem sie glänzt
für irgend einen Kreis,
aus dem heraus kein Wesen von ihr weiß.

Aber die Dunkelheit hält alles an sich:
Gestalten und Flammen, Tiere und mich,
wie sie's errafft,
Menschen und Mächte –

Und es kann sein: eine große Kraft
rührt sich in meiner Nachbarschaft.

Ich glaube an Nächte.

MONDNACHT

Weg in den Garten, tief wie ein langes Getränke,
leise im weichen Gezweig ein entgehender Schwung.
Oh und der Mond, der Mond, fast blühen die Bänke
von seiner zögernden Näherung.

Stille, wie drängt sie. Bist du jetzt oben erwacht?
Sternig und fühlend steht dir das Fenster entgegen.
Hände der Winde verlegen
an dein nahes Gesicht die entlegenste Nacht.

WINTERMORGEN

Der Wasserfall ist eingefroren,
die Dohlen hocken hart am Teich.
Mein schönes Lieb hat rote Ohren
und sinnt auf einen Schelmenstreich.

Die Sonne küsst uns. Traumverloren
schwimmt im Geäst ein Klang in Moll;
und wir gehn fürder, alle Poren
vom Kraftarom des Morgens voll.

SCHON BLINZT AUS ARGZERFETZTEM LAKEN

Schon blinzt aus argzerfetztem Laken
der holde, keusche Götternacken
der früherwachenden Natur,
und nur in tiefentlegnen Talen
zeigt hinter violetten, kahlen
Gebüschen sich mit falschem Prahlen
des Winters weiße Sohlenspur.

Hin geh ich zwischen Weidenbäumen
an nassen Räderrinnensäumen
den Fahrweg, und der Wind ist mild.
Die Sonne prangt im Glast des Märzen
und zündet an im dunkeln Herzen
der Sehnsucht weiße Opferkerzen
vor meiner Hoffnung Gnadenbild.

ÜBERFLIEßENDE HIMMEL VERSCHWENDETER STERNE

Überfließende Himmel verschwendeter Sterne
prachten über der Kümmernis. Statt in die Kissen,
weine hinauf. Hier, an dem weinenden schon,
an dem endenden Antlitz,
um sich greifend, beginnt der hin-
reißende Weltraum. Wer unterbricht,
wenn du dort hin drängst,
die Strömung? Keiner. Es sei denn,
dass du plötzlich ringst mit der gewaltigen Richtung
jener Gestirne nach dir. Atme.
Atme das Dunkel der Erde und wieder
aufschau! Wieder. Leicht und gesichtslos
lehnt sich von oben Tiefe dir an. Das gelöste
nachtenthaltne Gesicht gibt dem deinigen Raum.

ADVENT

Es treibt der Wind im Winterwalde
die Flockenherde wie ein Hirt,
und manche Tanne ahnt, wie balde
sie fromm und lichterheilig wird,
und lauscht hinaus. Den weißen Wegen
streckt sie die Zweige hin – bereit,
und wehrt dem Wind und wächst entgegen
der einen Nacht der Herrlichkeit.

KLAGE

O wie ist alles fern
und lange vergangen.
Ich glaube, der Stern,
von welchem ich Glanz empfange,
ist seit Jahrtausenden tot.
Ich glaube im Boot,
das vorüberfuhr,
hörte ich etwas Banges sagen.
Im Hause hat eine Uhr
geschlagen ...
In welchem Haus? ...

Ich möchte aus meinem Herzen hinaus
unter den großen Himmel treten.
Ich möchte beten.
Und einer von allen Sternen
müsste wirklich noch sein.
Ich glaube, ich wüsste,
welcher allein
gedauert hat,
welcher wie eine weiße Stadt
am Ende des Strahls in den Himmeln steht ...

MEINE BLUMEN WERDEN DIE FARBE VERLIEREN

Meine Blumen werden die Farbe verlieren.
Meine Spiegel werden zufrieren.
In meinen Büchern werden die Zeilen verwachsen.
Meine Vögel werden in den Gassen
herumflattern und sich an fremden Fenstern verwunden.
Nichts ist mehr mit mir verbunden.
Ich bin von allem verlassen. –
Ich bin eine Insel.

DAS IST DIE SEHNSUCHT: WOHNEN IM GEWOGE

Das ist die Sehnsucht: Wohnen im Gewoge
und keine Heimat haben in der Zeit.
Und das sind Wünsche: Leise Dialoge
täglicher Stunden mit der Ewigkeit.

Und das ist Leben. Bis aus einem Gestern
die Einsamste von allen Stunden steigt,
die, anders lächelnd als die andern Schwestern,
dem Ewigen entgegenschweigt.

WENN ES NUR EINMAL SO GANZ STILLE WÄRE

Wenn es nur einmal so ganz stille wäre.
Wenn das Zufällige und Ungefähre
verstummte und das nachbarliche Lachen,
wenn das Geräusch, das meine Sinne machen,
mich nicht so sehr verhinderte am Wachen –:

Dann könnte ich in einem tausendfachen
Gedanken bis an deinen Rand dich denken
und dich besitzen (nur ein Lächeln lang),
um dich an alles Leben zu verschenken
wie einen Dank.

DA WECHSELT UM DIE ALTEN INSELRÄNDER

Da wechselt um die alten Inselränder
das winterliche Meer sein Farbenspiel
und tief im Winde liegen irgend Länder
und sind wie nichts. Ein Jenseits, ein Profil;

nicht wirklicher als diese rasche Wolke,
der sich das Eiland schwarz entgegenstemmt.
Und da geht einer unterm Insel-Volke
und schaut in Augen und ist nichts als fremd.

Und schaut, so fremd er ist, hinaus, hinüber,
den Sturm hinein; zwar manchen Tag ist Ruh;
dann blüht das Land und lächelt noch. Worüber?
Und die Orangen reifen noch. Wozu?

Was müht der Garten sich ihn zu erheitern
den Fremden, der nichts zu erwarten schien,
und wenn sich seine Augen auch erweitern
für einen Augenblick –: er sieht nicht ihn.

Wenn er vom Vorgebirge in Gedanken
des Meeres winterliches Farbenspiel
und in den Himmeln ferner Küsten Schwanken
manchmal zu sehen glaubt: das ist schon viel.

MEIN LEBEN IST WIE LEISE SEE

Mein Leben ist wie leise See:
Wohnt in den Uferhäusern das Weh,
wagt sich nicht aus den Höfen.
Nur manchmal zittert ein Nahn und Fliehn:
aufgestörte Wünsche ziehn
darüber wie silberne Möven.

Und dann ist alles wieder still …
Und weißt du was mein Leben will,
hast du es schon verstanden?
Wie eine Welle im Morgenmeer
will es, rauschend und muschelschwer,
an deiner Seele landen.

SCHLIEẞ INNIGER DIE AUGEN UND ERKENN

Schließ inniger die Augen und erkenn
es langsam wieder: Meer um Meer,
schwer von sich selbst, blau aus sich her
und leer am Rand, mit einem Grund aus Grün.
(Aus welchem Grün? Es kommt sonst nirgends vor ...)
Und plötzlich, atemlos, daraus empor
die Felsen jagend, von so tief, dass sie
im steilen Steigen gar nicht wissen, wie
ihr Steigen enden soll. Auf einmal bricht
es an den Himmeln ab, dort, wo es dicht
von zu viel Himmel ist. Und drüber, sieh,
ist wieder Himmel, und bis weit hinein
in jenes Übermaß: wo ist er nicht?
Strahlen ihn nicht die beiden Klippen aus?
Malt nicht sein Licht das fernste Weiß, den Schnee,
der sich zu rühren scheint und weit hinaus
die Blicke mitnimmt. Und er hört nicht auf,
Himmel zu sein, eh wir ihn atmen.

VORGEFÜHL

Ich bin wie eine Fahne von Fernen umgeben.
Ich ahne die Winde, die kommen, und muss sie leben,
während die Dinge unten sich noch nicht rühren:
Die Türen schließen noch sanft, und in den Kaminen ist Stille;
die Fenster zittern noch nicht, und der Staub ist noch schwer.

Da weiß ich die Stürme schon und bin erregt wie das Meer.
Und breite mich aus und falle in mich hinein
und werfe mich ab und bin ganz allein
in dem großen Sturm.

DICH WUNDERT NICHT DES STURMES WUCHT

Dich wundert nicht des Sturmes Wucht, –
Du hast ihn wachsen sehn; –
die Bäume flüchten. Ihre Flucht
schafft reitende Alleen.
Da weißt du, der, vor dem sie fliehn,
ist der, zu dem du gehst,
und deine Sinne singen ihn,
wenn du am Fenster stehst.

Des Sommers Wochen standen still,
es stieg der Bäume Blut;
jetzt fühlst du, dass es fallen will
in den, der alles tut.
Du glaubtest schon erkannt die Kraft,
als du die Frucht erfasst,
jetzt wird sie wieder rätselhaft
und du bist wieder Gast.

Der Sommer war so wie dein Haus,
drin weißt du alles stehn –
jetzt musst du in dein Herz hinaus
wie in die Ebene gehn.
Die große Einsamkeit beginnt,
die Tage werden taub,
aus deinen Sinnen nimmt der Wind
die Welt wie welkes Laub.

Durch ihre leeren Zweige sieht
der Himmel, den du hast;
sei Erde jetzt und Abendlied
und Land darauf er passt.
Demütig sei jetzt wie ein Ding,
zu Wirklichkeit gereift, –
dass Der, von dem die Kunde ging,
dich fühlt, wenn er dich greift.

DA STEHT ER GESTÜTZT AM TURM

Da steht er gestützt am Turm.
Nur die Wipfel und Fahnen
können sein Warten ahnen,
und sie flüstern sich furchtsam: der Sturm.

Das hören die Birken, zart,
und stemmen sich Stamm zum Stamme;
wie eine farblose Flamme
flattert sein Bart.

Und dann wissen's die Kinder schon,
suchen der Mutter Mienen.
Wie von wilden Bienen
ist in der Luft ein Ton.

FÜRCHTE DICH NICHT, SIND DIE ASTERN AUCH ALT

Fürchte dich nicht, sind die Astern auch alt,
streut der Sturm auch den welkenden
in den Gleichmut des Sees, –
die Schönheit wächst aus der engen Gestalt;
sie wurde reif, und mit milder Gewalt
zerbricht sie das alte Gefäß.

Sie kommt aus den Bäumen
in mich und in dich,
nicht um zu ruhn;
der Sommer ward ihr zu feierlich.
Aus vollen Früchten flüchtet sie sich
und steigt aus betäubenden Träumen
arm ins tägliche Tun.

DER STURM WILL HEREIN

Der Sturm will herein,
ihm ist bang in all den Bäumen.
Und ich bin allein
und traurig von Träumen,
die ich durchlitt.
Und sehne mich längst:
nicht sinnen und säumen, –
wie einen Hengst
ihn zähmen und zäumen
zu berauschendem Ritt.
Und des Sturmes Schritt
soll in leichtem befreiendem Wagen
weit an die Wipfel der Wälder schlagen,
über Wasser und Wall, über Nachten und Tagen,
über Hüttenhocken und Kirchenragen,
über Tiefen und Türme tragen!

Und *du* komm hoch! Meinem jubelnden Jagen
raub ich dich mit.

DIE NACHT, VOM WACHSENDEN STURME BEWEGT

Die Nacht, vom wachsenden Sturme bewegt,
wie wird sie auf einmal weit, –
als bliebe sie sonst zusammengelegt
in die kleinlichen Falten der Zeit.
Wo die Sterne ihr wehren, dort endet sie nicht
und beginnt nicht mitten im Wald
und nicht an meinem Angesicht
und nicht mit deiner Gestalt.
Die Lampen stammeln und wissen nicht:
lügen wir Licht?
Ist die Nacht die einzige Wirklichkeit
seit Jahrtausenden …

ABEND

Der Abend wechselt langsam die Gewänder,
die ihm ein Rand von alten Bäumen hält;
du schaust: Und von dir scheiden sich die Länder,
ein himmelfahrendes und eins, das fällt;

und lassen dich, zu keinem ganz gehörend,
nicht ganz so dunkel wie das Haus, das schweigt,
nicht ganz so sicher Ewiges beschwörend
wie das, was Stern wird jede Nacht und steigt;

und lassen dir (unsäglich zu entwirrn)
dein Leben bang und riesenhaft und reifend,
so dass es, bald begrenzt und bald begreifend,
abwechselnd Stein in dir wird und Gestirn.

FÜR DIE WIR UNS DIE TRÄUME GABEN

... Für die wir uns die Träume gaben
war eine Nacht so sanft und lind,
drin alle Brunnen Feen haben
und auch die träumerischen Knaben
vergessen Schätze zu ergraben,
weil alle Dinge kostbar sind.

Da hörte ich dich noch von ferne,
und deine liebliche Stimme schien
als wohntest du im ersten Sterne ...

Ich stand in meiner Taltaverne
und suchte ihn.

MALT NICHT SEIN LICHT DAS FERNSTE WEIß, DEN SCHNEE

Malt nicht sein Licht das fernste Weiß, den Schnee,
der sich zu rühren scheint und weit hinaus
die Blicke mitnimmt. Und er hört nicht auf,
Himmel zu sein, eh wir ihn atmen.

SEI ALLEM ABSCHIED VORAN

Sei allem Abschied voran, als wäre er hinter
dir, wie der Winter, der eben geht.
Denn unter Wintern ist einer so endlos Winter,
dass, überwinternd, dein Herz überhaupt übersteht.

Sei immer tot in Eurydike –, singender steige,
preisender steige zurück in den reinen Bezug.
Hier, unter Schwindenden, sei, im Reiche der Neige,
sei ein klingendes Glas, das sich im Klang schon
zerschlug.

Sei – und wisse zugleich des Nicht-Seins Bedingung,
den unendlichen Grund deiner innigen Schwingung,
dass du sie völlig vollziehst dieses einzige Mal.

Zu dem gebrauchten sowohl, wie zum dumpfen und stummen
Vorrat der vollen Natur, den unsäglichen Summen,
zähle dich jubelnd hinzu und vernichte die Zahl.

WINTERLICHE STANZEN

Nun sollen wir versagte Tage lange
ertragen in des Widerstandes Rinde;
uns immer wehrend, nimmer an der Wange
das Tiefe fühlend aufgetaner Winde.
Die Nacht ist stark, doch von so fernem Gange,
die schwache Lampe überredet linde.
Lass dichs getrösten: Frost und Harsch bereiten
die Spannung künftiger Empfänglichkeiten.

Hast du denn ganz die Rosen ausempfunden
vergangnen Sommers? Fühle, überlege:
das Ausgeruhte reiner Morgenstunden,
den leichten Gang in spinnverwebte Wege?
Stürz in dich nieder, rüttele, errege
die liebe Lust: sie ist in dich verschwunden.
Und wenn du eins gewahrst, das dir entgangen,
sei froh, es ganz von vorne anzufangen.

Vielleicht ein Glanz von Tauben, welche kreisten,
ein Vogelanklang, halb wie ein Verdacht,
ein Blumenblick (man übersieht die meisten),
ein duftendes Vermuten vor der Nacht.
Natur ist göttlich voll; wer kann sie leisten,
wenn ihn ein Gott nicht so natürlich macht.
Denn wer sie innen, wie sie drängt, empfände,
verhielte sich, erfüllt in seine Hände.

Verhielte sich wie Übermaß und Menge
und hoffte nicht noch Neues zu empfangen,
verhielte sich wie Übermaß und Menge
und meinte nicht, es sei ihm was entgangen,
verhielte sich wie Übermaß und Menge
mit maßlos übertroffenem Verlangen
und staunte nur noch, dass er dies ertrüge:
die schwankende, gewaltige Genüge.

OB ICH DAMALS WAR – ODER BIN

Ob ich damals war – oder bin: du schreitest
über mich hin, du unendliches Dunkel aus Licht.
Und das Erhabene, das du im Raume bereitest,
nehm ich, Unkenntlicher, an mein waches Gesicht.

Nacht, o erführest du, wie ich dich schaue,
wie mein Wesen zurück im Anlauf weicht,
dass es sich dicht bis zu dir zu werfen getraue;
fass ich es denn, dass die zweimal genommene Braue
über solche Ströme von Aufblick reicht?

NACHTHIMMEL UND STERNENFALL

Der Himmel, groß, voll herrlicher Verhaltung,
in Vorrat Raum, ein Übermaß von Welt.
Und wir, zu ferne für die Ausgestaltung,
zu nahe für die Abkehr hingestellt.
Da fällt ein Stern! Und unser Wunsch an ihn,
bestürzten Aufblicks, dringend angeschlossen:
Was ist begonnen, und was ist verflossen?
Was ist verschuldet? Und was ist verziehn?

O BÄUME LEBENS, O WANN WINTERLICH?

O Bäume Lebens, o wann winterlich?
Wir sind nicht einig. Sind nicht wie die Zug-
vögel verständigt. Überholt und spät,
so drängen wir uns plötzlich Winden auf
und fallen ein auf teilnahmslosen Teich.
Blühn und verdorrn ist uns zugleich bewusst.
Und irgendwo gehn Löwen noch und wissen,
solang sie herrlich sind, von keiner Ohnmacht.

BANGNIS

Im welken Walde ist ein Vogelruf,
der sinnlos scheint in diesem welken Walde.
Und dennoch ruht der runde Vogelruf
in dieser Weile, die ihn schuf,
breit wie ein Himmel auf dem welken Walde.
Gefügig räumt sich alles in den Schrei.
Das ganze Land scheint lautlos drin zu liegen,
der große Wind scheint sich hineinzuschmiegen,
und die Minute, welche weiter will,
ist bleich und still, als ob sie Dinge wüsste,
an denen jeder sterben müsste,
aus ihm herausgestiegen.

DIE HOHEN TANNEN ATMEN HEISER

Die hohen Tannen atmen heiser
im Winterschnee, und bauschiger
schmiegt sich sein Glanz um alle Reiser.
Die weißen Wege werden leiser,
die trauten Stuben lauschiger.

Da singt die Uhr, die Kinder zittern:
Im grünen Ofen kracht ein Scheit
und stürzt in lichten Lohgewittern, –
und draußen wächst im Flockenflittern
der weiße Tag zur Ewigkeit.

DU WACHER WALD, INMITTEN WEHEN WINTERN

Du wacher Wald, inmitten wehen Wintern
hast du ein Frühlingsfühlen dir erkühnt,
und leise lassest du dein Silber sintern,
damit ich seh wie deine Sehnsucht grünt.

Und wie mich weiter deine Wege führen,
erkenn ich kein Wohin und kein Woher
und weiß: vor deinen Tiefen waren Türen –
und sind nicht mehr.

EINGANG

Wer du auch seist: Am Abend tritt hinaus
aus deiner Stube, drin du alles weißt;
als letztes vor der Ferne liegt dein Haus:
Wer du auch seist.
Mit deinen Augen, welche müde kaum
von der verbrauchten Schwelle sich befrein,
hebst du ganz langsam einen schwarzen Baum
und stellst ihn vor den Himmel: schlank, allein.
Und hast die Welt gemacht. Und sie ist groß
und wie ein Wort, das noch im Schweigen reift.
Und wie dein Wille ihren Sinn begreift,
lassen sie deine Augen zärtlich los ...

DER ABEND KOMMT VON WEIT GEGANGEN

Der Abend kommt von weit gegangen
durch den verschneiten, leisen Tann.
Dann presst er seine Winterwangen
an alle Fenster lauschend an.

Und stille wird ein jedes Haus;
die Alten in den Sesseln sinnen,
die Mütter sind wie Königinnen,
die Kinder wollen nicht beginnen
mit ihrem Spiel. Die Mägde spinnen
nicht mehr. Der Abend horcht nach innen,
und innen horchen sie hinaus.

IM STÜBCHEN

Traut ists, wenn verstohlen heulen
im Kamine wilde Winde,
in der Stube; ganz gelinde
tickt auf dem barocken Spinde
fort die Stockuhr mit den Säulen.

Dort, die kleine Silhouette
zeigt die alte Tracht der Locken,
tief im Fenster steht ein Rocken,
und vergessne Töne stocken
im verlassenen Spinette.

Immer noch liegt die Postille,
dass an ihrem Geist erfrische
Jung und Alt sich, auf dem Tische,
und der Spruch ob jener Nische
lautet: „Es gescheh Dein Wille …"

AN DER ECKE

Der Winter kommt und mit ihm meine Alte,
die an der Ecke stets Kastanien briet.
Ihr Antlitz schaut aus einer Tücherspalte
froh und gesund, ob Falte auch bei Falte
seit vielen Jahren es durchzieht.

Und tüchtig ist sie, ja, das will ich meinen;
die Tüten müssen rein sein, und das Licht
an ihrem Stand muss immer helle scheinen,
und von dem Ofen mit den krummen Beinen
verlangt sie streng die heiße Pflicht.

So trefflich schmort auch keine die Maroni.
Dabei bemerkt sie, wer des Weges zieht,
und alle kennt sie – bis zum Tramwaypony;
sie treibts ja Jahre schon, die alte Toni ...
Und leise summt ihr Herd sein Lied.

DIE ERINNERUNG AN DEN SCHNEE

Die Erinnerung an den Schnee
erlischt von einem Tag zum andern;
die helle und beige-braune Erde
tritt an seiner Stelle wieder hervor.

Der schwungvolle Spaten
(horch!) arbeitet schon.
Man erinnert sich wieder, dass Grün
die Farbe ist, die man bevorzugt.

In den Weinbergen reiht man bald
ein zärtlich-weiches Spalier.
Reiche der Rebe die Hand,
welche dich kennt und sich bindet.

Aus dem Französischen

VERLAGSGRUPPE PATMOS

PATMOS
ESCHBACH
GRÜNEWALD
THORBECKE
SCHWABEN
VER SACRUM

Die Verlagsgruppe
mit Sinn für das Leben

MIX
Papier aus verantwortungsvollen Quellen
FSC
www.fsc.org
FSC® C014138

Klimaneutral
Druckprodukt
ClimatePartner.com/14549-2003-1001

Die Verlagsgruppe Patmos ist sich ihrer Verantwortung gegenüber unserer Umwelt bewusst. Wir folgen dem Prinzip der Nachhaltigkeit und streben den Einklang von wirtschaftlicher Entwicklung, sozialer Sicherheit und Erhaltung unserer natürlichen Lebensgrundlagen an. Näheres zur Nachhaltigkeitsstrategie der Verlagsgruppe Patmos auf unserer Website www.verlagsgruppe-patmos.de/nachhaltig-gut-leben

2. Auflage 2023

Gestaltung: Finken & Bumiller, Stuttgart
Druck: Finidr s.r.o., Český Těšín
Hergestellt in Tschechien
ISBN 978-3-7995-1566-5

Textnachweis:
Die Gedichte und Gedichtpassagen sind den folgenden Gedichtsammlungen und -zyklen von Rainer Maria Rilke entnommen:
Traumgekrönt: Seite 6, 7, 14;
Das Stunden-Buch: Seite 10, 23, 30;
Larenopfer: Seite 12, 60, 61;
Advent: Seite 16, 54, 58;
Das Buch der Bilder: Seite 18, 20 (aus: Die Blinde), 29, 37, 38, 52, 56;
Mir zur Feier: Seite 22, 34, 35, 55;
Gedichte 1906–1926: Seite 4, 11, 15, 24, 28 (aus: Improvisationen aus dem Capreser Winter), 40 (aus: Migliera), 44, 48, 49, 62 (aus dem Französischen übersetzt © Jan Thorbecke Verlag);
Dir zur Feier: Seite 26, 36, 39;
Die Sonette an Orpheus: Seite 42;
Duineser Elegien: Seite 50.

Bildnachweis:
mauritius images/BY: Seite 5; mauritiu images/Westend61/Martin Rügner: Seite 8/9; mauritius images/Busse & Yankushev: Seite 13; mauritius images/ Nora Frei: Seite 17; mauritius images/ Westend61/Dirk Wüstenhagen: Seite 2 mauritius images/Wolfgang Diederich Alamy: Seite 27; mauritius images/ AkremaFotoArt: Seite 32/33; mauritiu images/Tom Husmann: Seite 41; mauritius images/Irma van der Wiel: Seite 46/47; mauritius images/Stefan Hefele: Seite 51; mauritius images/ EyeEm/Ismael Juan Salcedo: Seite 53; mauritius images/Bruno Kickner: Seite 57; mauritius images/Raimund Linke: Seite59; mauritius images/ Per Karlsson – BKWine.com/Alamy: Seite 63.

Wir danken den Rechteinhabern für d freundliche Genehmigung zum Abdruck.